Franz X. Bogner

Die Isar
aus der Luft

Franz X. Bogner

Die Isar
aus der Luft

rosenheimer

Inhalt

Entlang der grünen Isar

Annäherungen an einen Fluss

In der Pupplinger Au kann sich die Isar noch wie früher austoben. Im Bereich der Loisach-
mündung sind gut 50 Hektar als Landschafts- und Naturschutzgebiet ausgewiesen.

Wer kennt ihn nicht den alten Schülerreim: „Iller, Lech, Isar, Inn fließen rechts zur Donau hin, Altmühl, Naab und Regen halten links dagegen." Wer dann noch genau aufgepasst hat im Erdkundeunterricht, der wird sich erinnern, dass die Isar neben Donau, Lech und Inn zu den vier Hauptflüssen Südbayerns zählt und nicht nur das Bild der Landschaft prägt, sondern auch für den Wasserhaushalt der Region von größter Wichtigkeit ist.

Die Isar – ein rauschender, teilweise reißender Gebirgsfluss, der oft milchiges Gletscherwasser mit sich führt – kann ihren Charakter selbst da nicht verleugnen, wo sie mitten durch eine Millionenstadt fließt. Ihr Einzugsgebiet ist am Anfang verhältnismäßig breit, denn hier erhält sie Verstärkung von vielen Flüssen, die in der nördlichen Alpenkammreihe entspringen. Bei ihrer Mündung in die Donau dagegen hat sich ihr Einzugsgebiet zu einer spitzen und schmalen Schneise verengt, weil die meisten kleinen Flüsse nicht mehr erst in die Isar, sondern direkt in die Donau münden. Die Gesamtlänge der Isar beträgt vom Quellgebiet im Karwendel bis zur Mündung in die Donau etwa 263 Kilometer, wobei sie rund 850 Meter Höhenunterschied überwindet: Die höchste Quelle liegt auf 1160, die Mündung nur noch auf 312 Meter Meereshöhe.

Die bekanntesten Nebenflüsse der Isar sind die Loisach und die Amper. Die Loisach kommt aus dem Zugspitzgebiet, fließt durch Walchensee und Kochelsee und mündet bei Wolfratshausen in die Isar. Die Amper, die in ihrem Oberlauf bis zum gleichnamigen See Ammer heißt, bildet bis zur Mündung in die Isar bei Moosburg ein breites, 185 Kilo-

meter langes Flusssystem, das auch die Glonn und die Würm, die aus dem Starnberger See ausfließt, aufnimmt und über weite Bereiche sehr naturnah ist. Aufgrund ihres Wasserreichtums ist die Amper der wichtigste Zufluss der Isar, was schon früh von den Isar-Amper-Werken zur Energieerzeugung genutzt wurde.

Der Name Isar wurde lange Zeit auf keltische Wortbildungen zurückgeführt, heute aber scheinen die etymologischen Wurzeln nicht mehr so klar und eindeutig, und man hält auch indogermanische Ursprünge für möglich: *es* oder *is* für (fließendes) Wasser, woraus sich ebenfalls unser Wort „Eis" ableitet. Die Isar wäre demnach das „Eiswasser" oder das „Wasser aus dem Eis" und damit eine Schwester des Eisacks, des zweitgrößten Flusses in Südtirol, der auf Italienisch Isarco heißt. Eine andere Namensdeutung, die sich auf das indogermanische *as* oder *os* (Sumpfwasser) bezieht, ist weniger wahrscheinlich, da die Isar sich ja meist als reißendes Gewässer präsentiert. Eben darauf bezogen sich die alten Interpretationen, die keltische Wurzeln annahmen, denn in dieser Sprache bedeutete *ys* schnell/reißend, und *ura* stand für Wasser/Fluss – das Wort „Isaria" lässt grüßen. Viele Namensschwestern im europäischen Raum weisen auf diese Bedeutung hin: In Frankreich gibt es die Isère, die Niederlande kennen die Ijssel, Österreich die Isel, Tschechien die Iser (aus dem Isergebirge) und Polen die Izera.

Das Markenzeichen der ursprünglichen Isar sind weite Kiesbänke. Als Wildwasser brauchte sie bei den alljährlichen Hochwassern ein breites Flussbett, und immer wieder kam es zu neuen Veränderungen im Flussverlauf.

Die Isar hat viele Gesichter, wie wir in den folgenden Kapiteln noch sehen werden – manches sehr bekannt, manches unerwartet neu. Vielen Straßen,

Ein großer Stausee zwängt sich bei Icking zwischen Isar und Isarkanal in das Isartal.

Plätzen und Gebäuden, manchen Regionen und unzähligen Vereinen hat sie ihren Namen gegeben, aber heutzutage weiß kaum noch jemand, dass sie zu Beginn des 19. Jahrhunderts sogar als Benennung der Bezirke gedient hat. Damals gestaltete Maximilian Josef Graf Montgelas, der von den napoleonischen Reformen begeisterte Minister des bayerischen Königs Maximilian I., die gesamte Landkarte Bayerns neu und teilte das Land nach französischem Vorbild in verschiedene Flusskreise ein. Der Isarkreis spannte sich von der Alpenkette flussabwärts bis weit unterhalb von Landshut und schloss dabei große Teile des heutigen Ober- und Niederbayern ein. Zwei Jahrzehnte später (1838) ließ man allerdings von dieser Benennung der Bezirke nach

Auch wenn die Isar durch viele Staustufen gezähmt wurde, konnte sie sich doch mit manchem Altwasser behaupten.

geografischen Kriterien wieder ab und besann sich auf die historischen Wurzeln der Regionen. König Ludwig I. verordnete die „Wiederherstellung der alten, geschichtlich geheiligten Marken", darunter Oberbayern und Niederbayern. Beider Wappen verdeutlichen wichtige Aspekte der Geschichte: Das gemeinsame weiß-blaue Rautenmuster verweist auf das alte Wappen der bayerischen Herzöge, doch im Detail zeigen sich die Unterschiede. Der gelbe Löwe im oberbayerischen Wappen steht für den pfälzisch-bayerischen Löwen, während der rote Panther im niederbayerischen Wappen auf die Grafen von Ortenburg-Kraiburg zurückgeht.

Die Großhesseloher Brücke war bei ihrer Eröffnung im Jahr 1857 die zweithöchste Eisenbahnbrücke der Welt. Sie überstand den Zweiten Weltkrieg unbeschadet, musste jedoch Mitte der achtziger Jahre durch eine neue Konstruktion ersetzt werden.

Ein wildes Kind der Berge

Vom Karwendel zum Sylvensteinsee

Der Sylvensteinspeicher, ein fjordartiger künstlicher Stausee im Isarwinkel, wurde in den fünfziger Jahren gebaut, damit man mit seiner Hilfe den Wasserstand der Isar besser regulieren konnte.

Eigentlich ist die Isar, die immer in einem Atemzug mit Bayern und vor allem München genannt wird, ein Tiroler „Maderl", denn ihre Quellen liegen im österreichischen Teil des Karwendelgebirges, genauer im Hinterautal. Erst bei Scharnitz biegt sie abrupt nach Norden ab, überquert die Landesgrenze und wird zu einem der Markenzeichen Bayerns.

Der geografische Ort, an dem sich dieser Wandel vollzieht, ist bemerkenswert und historisch bedeutsam. An der engs-

Zwischen Mittenwald und Krün reichen die Wiesen bis an die Ufer-terrassenkante und symbolisieren eine ausgewogene Koexistenz von Mensch und Natur.

ten Stelle des Scharnitzpasses auf 948 Meter Höhe wurde während des Dreißigjährigen Krieges eine gewaltige Grenz-befestigung errichtet, die Porta Claudia. Ihren Namen er-hielt sie nach der damaligen österreichischen Erzherzogin und Tiroler Landesfürstin Claudia von Medici. Seit fast zweihundert Jahre später napoleonische Truppen die Anla-ge schleiften, erinnern nur noch Mauerreste beidseits der Isar an diese Sperre.

Hat man die Staatsgrenze überquert, beginnt das Werden-felser Land, eine der reizvollsten Regionen Oberbayerns. Seinen Namen bezieht es von der mittelalterlichen Burg Werdenfels nördlich von Garmisch-Partenkirchen, die vor-nehmlich zur Sicherung der Handelsstraße durch das Lois-achtal diente. Als sie samt umliegender Grafschaft Ende des 13. Jahrhunderts an das Hochstift Freising fiel, ging die lukrative Kontrolle des Handels von und nach Italien an den Freisinger Bischof, doch auch der Bevölkerung der klei-nen Grafschaft brachte der Warenumschlag einen ansehnli-chen Wohlstand. Besonders Mittenwald profitierte von dem transalpinen Handel, der maßgeblich von den Augs-burger Kaufmannsgeschlechtern der Fugger und Welser abgewickelt wurde. Seine Blütezeit erreichte der kleine Ort, als 1487 der von den Venezianern veranstaltete „Boze-ner Markt" wegen kriegerischer Auseinandersetzungen in Südtirol nach Mittenwald verlegt wurde. Aus dieser Zeit stammt auch der Beiname „goldenes Landl" für das Wer-denfelser Land, doch 1679 war die beste Zeit vorbei, weil der Bozener Markt wieder an seinen Ursprungsort zurück-verlegt wurde. Die Herrschaft des Hochstifts Freising da-gegen dauerte noch weitere zweieinhalb Jahrhunderte an,

obwohl die bayerischen Herzöge diese Enklave in ihrem Territorium stets als Stachel im Fleisch betrachteten und auf Abhilfe sannen. So war man immer wieder bestrebt, Mitglieder des Hauses Wittelsbach auf den Freisinger Bischofsstuhl zu bringen, um Einfluss nehmen zu können. Erst durch die Säkularisierung Napoleons fiel dann das gesamte Werdenfelser Land an das neu gegründete Königreich Bayern.

Mittenwald geht auf eine Rodungssiedlung im Scharnitzwald zurück, und bereits 1096 wird eine Siedlung „mitten im Wald" *(in media silva)* erwähnt, und vor immerhin sieben Jahrhunderten wurden dem Ort die Marktrechte verliehen. Das Wappen spricht für sich selbst: Drei Tannen verweisen auf den Wald, die beiderseits ansteigenden Felsen auf die geografische Lage zwischen Karwendel- und Wettersteingebirge, und der Mohrenkopf geht auf das Wappen des Hochstifts Freising zu-

Sehr zum Ärger der bayerischen Herzöge gehörte Mittenwald nahe der Tiroler Grenze jahrhundertelang zum Hochstift Freising und lebte gut an der Handelsstraße nach Südtirol. Heute denkt man eher an den Geigenbau, der hier seit dreihundert Jahren gepflegt wird.

15

Mit der Flutung des Sylvensteinsees versank auch das alte Dorf Fall, berühmt geworden durch Ludwig Ganghofers Roman *Der Jäger von Fall.* Das zwangsweise ausgesiedelte Dorf wurde zu Neu-Fall.

rück – vermutlich eine verunglückte Abbildung des heiligen Korbinian. Heute wird Mittenwald meist in einem Atemzug mit dem Streich- und Zupfinstrumentenbau genannt, denn hier hat dieses Handwerk eine dreihundertjährige Tradition, die von Matthias Klotz Ende des 17. Jahrhunderts begründet wurde. Der Geigenbau brachte wieder Brot und Verdienst in den Ort, als nach der Verlegung des Bozener Marktes schlimme Notjahre hereingebrochen waren. Der-

zeit gibt es in Mittenwald zehn selbstständige Geigenbaumeister und eine staatliche Fachschule für Geigenbau.

Zwischen Mittenwald und Krün wird die Isar, bislang ein Wildwasserfluss, erstmals durch einen Stausee reguliert, den Krüner Isarstausee. Von hier aus wird fast ihr ganzes Wasser zum Walchensee abgeleitet, wo 1924 das Walchenseekraftwerk erbaut wurde. Somit war es für die flussabwärts gelegenen Anrainergemeinden von größter Wichtigkeit, dass ein Ausgleich geschaffen wurde, damit die Isar nicht in manchen Sommern völlig austrocknete. Deshalb nahm in den fünfziger Jahren ein großes Stauseeprojekt Gestalt an: der Sylvensteinsee (auch Sylvensteinstausee oder -speicher genannt), ein fjordartiger See, der nach einer natürlichen Engstelle im oberen Isartal benannt wurde und dessen unteren Teil eine schwungvolle Brücke überspannt. Ging es zunächst um eine ausreichende Wassermenge für die Gemeinden im Isarwinkel, so bekam der Sylvensteinsee später eine fast noch größere Bedeutung für den Hochwasserschutz bis nach München. Während bei dem Pfingsthochwasser 1999 noch alles im grünen Bereich blieb, zeigte das nächste große Hochwasser vom August 2005 die Kapazitätsgrenzen auf, und es musste Wasser abgelassen werden, um die Staumauer nicht zu gefährden. Doch ohne den Sylvensteinsee wäre es beide Male zur Katastrophe in München gekommen: Weite Teile der Stadt, einschließlich der Museumsinsel oder des Zoos Hellabrunn, wären vom Isarwasser überflutet worden.

Unweit des Stausees liegt Vorderriß, wo der Rißbach in die Isar mündet, während ein anderer Zufluss, die österreichische Ache, nach dem Bau des Achenseekraftwerks ins Inntal umgeleitet wurde. Vorderriß ist bekannt als Heimat von Ludwig Thoma (1867–1921), der hier als Sohn eines Oberförsters aufwuchs. Jeder kennt wohl seine vergnüglichen Lausbubengeschichten, die im Wesentlichen auf seine Schulzeit zurückgehen und in denen der Bub mit seinen Streichen das ganze Dorf in Atem hält. Obwohl er ein Jurastudium absolvierte, sah Ludwig Thoma seine wahre Erfüllung in der Schriftstellerei und liebte es, gleichermaßen bürgerliche Scheinmoral bloßzustellen wie großmäuliges Preußentum, Pickelhaubenmilitarismus und königlich-bayrische klerikale Politik.

Im Stausee versunken ist das alte Dorf Fall, dem ein anderer berühmter bayerischer Schriftsteller, Ludwig Ganghofer (1855–1920), ein literarisches Denkmal gesetzt hat. In seinem Roman *Der Jäger von Fall* hat er vor allem die Heimatliebe der Menschen im Isarwinkel, jener Gegend zwischen Bad Tölz und Wallgau, hervorgehoben, doch hat er gleichzeitig mit diesem Werk die Flusslandschaft der oberen Isar überregional bekannt gemacht. Wie Thoma wuchs er in einem Forsthaus auf, wie dieser kam er nicht auf direktem

Das Walchenseekraftwerk in Kochel am See, 1924 errichtet, stellte den ersten massiven Eingriff in den natürlichen Lauf der Isar dar. Es ist bis heute eines der größten Hochdruck-Speicherkraftwerke in Deutschland.

Weg zur Schriftstellerei. Ganghofer studierte erst Maschinenbau, wechselte schließlich zu Literaturgeschichte und Philosophie und schrieb mit fünfundzwanzig sein erstes Werk, *Der Herrgottschnitzer von Ammergau,* das im preußischen Berlin immerhin hundert Aufführungen erlebte. Ganghofers Werke trafen den Zeitgeschmack; sie handeln von der „heilen Welt" einfacher, tüchtiger und ehrlicher Leute, weshalb nicht wenige Kritiker ihm vorwarfen, Klischees zu bedienen, zu denen sie auch die übertrieben idyllische Beschreibung der bayerischen Alpen zählten. Dabei war Ganghofer selbst keineswegs ein schlichter Naturbursche, sondern durchaus dem guten Leben und den Verlockungen der Großstadt zugeneigt. Zunächst ein kritischer Kopf, verfiel er später den Wirrungen der Zeit und hielt Wilhelm II. für den Inbegriff des Fortschritts. In seiner Begeisterung für Kaiser, Reich und Vaterland pries er noch während des Krieges den preußisch-deutschen Monarchen und seine Kriegführung. Das alles ist lang vergessen – heute denkt man an Ganghofer wieder als an den urbayerischen Schriftsteller, und vor allem der Heimatfilm steigerte seine Popularität.

Im oberen Isartal zwischen Wallgau und dem Sylvensteinsee füllt die Isar mit ihren Kiesbänken das ganze Tal aus. Kennzeichnend ist hier auch ihre durch Schmelzwasser bedingte milchige Farbe.

Die früher von den Flößern so gefürchtete Isarschlucht bei Fall, durch die sich der Fluss zwängen musste, ist an der heutigen Brückenführung über den Sylvensteinsee noch erkennbar.

Der Widerspenstigen Zähmung

Die Isar des Oberlands

Bad Tölz ist der Eingang zum Isarwinkel. Von hier aus hat man einen
grandiosen Blick auf die bayerischen und die Nordtiroler Kalkalpen.

Fährt man hinter dem Sylvensteinsee die Isar entlang, die sich jetzt nicht mehr so wild in ihrem Bett wälzt, erreicht man als ersten größeren Ort Lenggries. *Lenngengrieze* bedeutet „langer Gries" und bezeichnet ein lang gestrecktes Geröllfeld im Fluss. Der Ort, ursprünglich eine Flößersiedlung, ist heute sommers wie winters ein beliebter Ferienort. In der Nähe steht das prachtvolle barocke Schloss Hohenburg. Bis 1707 hatte sich dort auf einer Anhöhe eine stark befestigte Burg erhoben, die während des

Zwischen Lenggries und Bad Tölz erstrecken sich viele schmale Wiesen hinauf zu den Hängen der Tegernseer Berge.

Spanischen Erbfolgekriegs zum Mittelpunkt der bayerischen Volkserhebung gegen die österreichischen Besatzer wurde, die das Land mit Kontributionen und Zwangsrekrutierungen auspressten, doch der Aufstand fand in der Sendlinger Mordweihnacht vom 25. Dezember 1705 sein tragisches Ende. Unter dem Motto „Liaba bairisch steam als kaiserlich veadeam" wollte man die Österreicher aus München vertreiben, aber gegen die kaiserlichen Profi-Truppen war das schlecht bewaffnete Volksheer chancenlos. Mehr als tausend Bauern und Knechte fanden den Tod, obwohl sie sich bereits ergeben und die Waffen abgeliefert hatten. Eine schlechte Figur machte bei den Ereignissen der bayerische Kurfürst Max Emanuel, der sein Volk nicht nur mit seinen Großmachtgelüsten ins Desaster geführt hatte und Bayern gegen die österreichischen Niederlande einzutauschen bereit war, er warf seinem Volk wegen des Aufstands sogar „Unbotmäßigkeit" vor. Mancher Untertan fragte sich daraufhin, ob dieser Herrscher sein treues Volk überhaupt verdient habe, und ein Erzbischof nannte den Kurfürsten schlicht „schwach in der Lebensweise und verderbt in den Sitten".

Von Lenggries führt die Straße an der Isar entlang in den Hauptort des Isarwinkels, nach Tölz, das sich wegen seiner Jodquellen seit 1899 Bad nennen darf. Die Gründung des Orts geht auf die Mitte des 12. Jahrhunderts zurück, und für das Jahr 1180 ist die erste Burg belegt. Rund fünfzig Jahre später erhielt Tölz Marktrecht und gelangte durch den Salzhandel zu Wohlstand, wovon noch heute das

Der Luftkurort Lenggries bezieht seinen Namen aus einem langen Kiesfeld im Isarbett und ist heute mit dem Hausberg Brauneck (1555 Meter) ein beliebter Fremdenverkehrsort an der Isar.

prachtvolle Ensemble der Marktstraße mit den breiten Häusern der Tölzer Kaufmannsfamilien und Patrizier zeugt. Viele Gebäude sind mit Lüftlmalereien geschmückt, so die alte Posthalterei, das Sporer-Haus, das Moralt-Haus und das Alte Rathaus mit dem Zwiebelturm, das ehemalige Mädchenschulhaus oder das „Pflegerhaus" – ein Pfleger versah im Mittelalter in etwa die Aufgaben eines Burggrafen.

In den letzten Tagen des Zweiten Weltkriegs spielte sich auf der Isarbrücke in Bad Tölz eine Tragödie ab, die später als Vorlage für Bernhard Wickis berühmten Film *Die Brücke* diente. Wie damals in ganz Deutschland üblich, wurden auch in Tölz auf höchsten Befehl alte Männer und halbe Kinder als letztes Aufgebot an die sogenannte Heimatfront geschickt. In Tölz waren es sechzehnjährige Gymnasiasten,

Die Kirche auf dem Bad Tölzer Kalvarienberg wurde einst von einem reichen Salzbeamten gestiftet. An diesem Ort befand sich im Mittelalter eine Hinrichtungsstätte (Galgenleite).

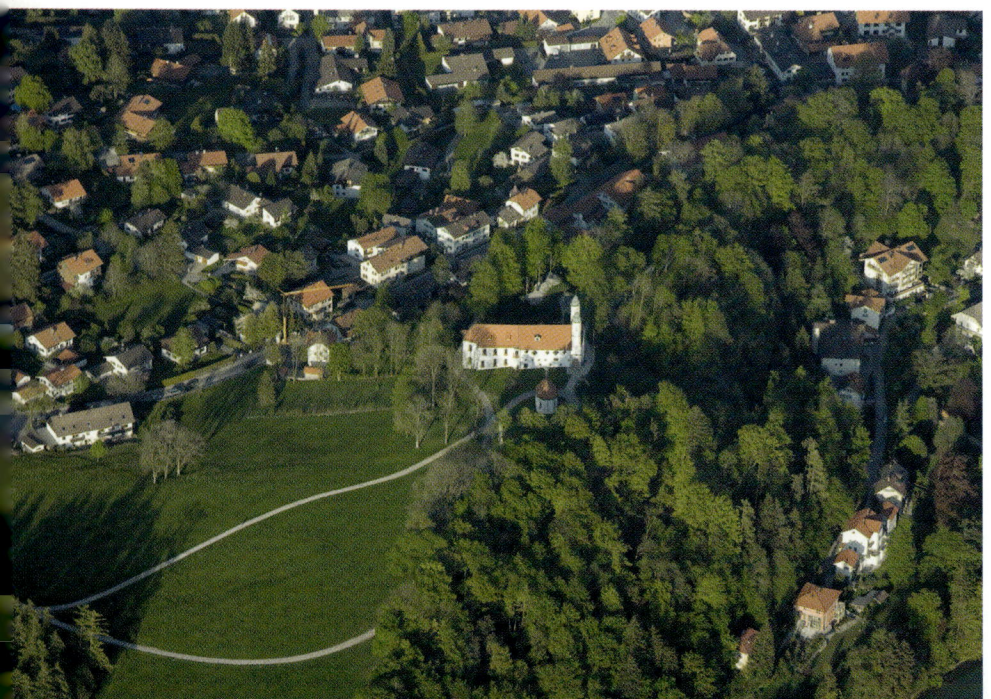

die nach nur einem einzigen Tag Grundausbildung eine strategisch unbedeutende Brücke vor den anrückenden US-Truppen verteidigen sollten. Alle, bis auf einen, der später seine Erinnerungen an diesen Tag aufzeichnete, verloren ihr Leben. Im Abspann des beeindruckenden Schwarz-Weiß-Films heißt es über den Tod der Kindersoldaten nur kurz: „Dies geschah am 27. April 1945. Es war so unbedeutend, dass es in keinem Heeresbericht erwähnt wurde." Der Film gilt bis heute als Anti-Kriegsfilm-Klassiker.

Kein Klassiker, wohl aber Kult ist die Fernsehserie *Der Bulle von Tölz,* die den Ort und seine Umgebung weit über Bayerns Grenzen hinaus bekannt gemacht hat und in der Ottfried Fischer als schwergewichtiger Kommissar auf oft unkonventionelle Weise und mit tiefgründigem Witz seine Mordfälle löst. Häufig lässt er auch mit stoischer bayerischer Wortkargkeit die norddeutsche Eloquenz von Mitarbeitern, Zeitgenossen oder Tätern ins Leere laufen.

Isarabwärts kommt man von Bad Tölz nach Wolfratshausen, dessen alter Ortskern eigentlich an der Loisach liegt, allerdings kurz vor deren Mündung in die Isar. Auch dieser Ort hat eine lange Geschichte. Erwähnt wurde er erstmals 1003 in Zusammenhang mit einem Reichstag in Regensburg, und 1116 errichteten die Grafen von Wolfratshausen dort eine Burg. Bundesweite Popularität erreichte die kleine Gemeinde 2002, als sich die damalige Bundesvorsitzende der CDU, Angela Merkel, und der damalige bayerische Ministerpräsident Edmund Stoiber in dessen Haus zum berühmt-berüchtigten Frühstück trafen, um die Frage der Kanzlerkandidatur für den bevorstehenden Bundestagswahlkampf zu klären. Inzwischen ist das „Wolfratshause-

ner Frühstück" Geschichte, und man denkt im Zusammenhang mit dem Ort eher an die berühmten Isarfloßfahrten. Die Flößerei hat Tradition in Wolfratshausen und wurde bereits seit dem 12. Jahrhundert betrieben. Brachte man damals auf diesem Weg vor allem Baumaterial nach München, so sind die Flöße heutzutage bevölkert von fröhlichen, bierseligen Touristen – eine Gaudi, die besonders für Betriebsfeste und Vereinsfeiern beliebt ist. Die Flöße bieten immerhin Platz für bis zu sechzig Gäste, haben Musik an Bord, Tische und Bänke und bei Regen ein Zeltdach. Auch fürs leibliche Wohl ist hinreichend gesorgt, und wenn die Flöße am Nachmittag in München-Thalkirchen ankommen, lässt die Stimmung nichts zu wünschen übrig. Besonders die Floßrutschen auf dem Isarkanal sind spektakulär – eine

Am Verlauf der Uferterrassenbänke lässt sich die beachtliche Eintiefung der Isar ins Gelände sehr gut erkennen.

Aus gutem Grund wird es an der oberen Isar vermieden, zu nah am Fluss zu bauen.

davon ist mit einer Länge von 365 Metern sogar die größte Europas.

Nördlich von Wolfratshausen liegt die Pupplinger Au, ein in der ganzen Region beliebtes Naherholungsgebiet, das wie das gesamte Isartal seit über hundert Jahren als Landschafts- und Naturschutzgebiet ausgewiesen ist. Die Flusslandschaft an der Isar zeigt besonders augenfällig die vom Menschen verursachten Veränderungen des Ökosystems. Wo sich früher Kieslandschaften ausbreiteten, wächst heute ein Auwald, weil die regelmäßigen Hochwasser ausbleiben. Die offenen Schotterflächen wurden zuerst von Pionierpflanzen besiedelt, die selbst unter schwierigen Bedingungen überleben können, wie beispielsweise das Alpenleinkraut oder die Zwergglockenblume. Auf kiesigen Flächen siedelten sich anschließend die Deutsche Tamariske und auf sandigem Untergrund das Lavendelweidengebüsch an. Blieb der Bereich schließlich über Jahre stabil, konnte ein Schneeheide-Kiefern-Wald mit Wacholder, Silberwurz, Graslilien und sogar Orchideen entstehen.

Richtung München fließt die Isar jetzt zwischen bewaldeten Hochufern, doch wird sie nach wie vor von Kiessträngen gesäumt, und vor allem in den Sommermonaten ragen Kiesbänke aus dem Wasser. Ein beliebter Ausflugsort ist Kloster Schäftlarn, um 762 von den Benediktinern gegründet, doch das Klosterwappen zeigt nicht etwa einen frommen Ordensvater, sondern ein Fischerboot mit zwei Rudern. Der erste Klosterbau wurde nach dem Einfall ungarischer Reiterheere nach Mitteleuropa zerstört, aber nach der legendären Schlacht auf dem Lechfeld (955), die mit einem Sieg Kaiser Ottos des Großen endete, ging man an den Wiederaufbau. 1433 erhielten die Mönche ein besonderes Privileg: Sie brauchten fortan keinen Zoll und keine Maut mehr für den Transport auf der Isar zu bezahlen. Mehrfach erweitert, erneuert und umgestaltet präsentiert sich die Klosterkirche heute als ein Juwel des Rokoko. Baumeister wie Johann Georg Gunetzrhainer und Johann Michael Fischer zeichneten verantwortlich; Johann Baptist Zimmermann vor allem malte die Kirche aus. Nach beträchtlichen Hochwasserschäden war das Klostergebäude ab 1702 neu erbaut worden, und als 1710 der Kirchturm der alten gotischen Klosterkirche einstürzte, entschloss man sich zum Neubau des heutigen Glanzstücks des süddeutschen Rokoko.

Hinter Schäftlarn wird die Isar überspannt von der Groß-hesseloher Brücke, die einen oft fotografierten und gemal-ten Ausblick auf München bietet. Rechts auf dem Hoch-ufer sieht man die mittelalterliche Burg Grünwald, ursprünglich eine Gründung der Grafen von Andechs, später von den bayerischen Herzögen als Jagdschloss ge-nutzt. Gegenüber von Grünwald, heute eine der nobelsten Adressen im Münchner Raum, liegt auf dem linken Isarufer Pullach, dessen Geschichte deutlich älter ist als die der Landeshauptstadt: Eine Schenkungsniederschrift des Klos-ters Schäftlarn nennt das Jahr 776. Im 19. Jahrhundert war Pullach in Münchens Kunstszene eine angesagte Adresse und mauserte sich zur Künstlerkolonie. Besonders das klas-sizistische „Schloss Schwaneck" von Ludwig Schwanthaler ist erwähnenswert. Der Bildhauer hatte sich hier nach seiner glücklich erreichten Erhebung in den Adelsstand einen Kindheitstraum erfüllt, den er allerdings nur dank großherziger Unterstützung durch den König realisieren konnte, der ihm das Grundstück schenkte. Auch konnte er sein Glück und sein Schlösschen nicht lange genießen, denn er starb 1848 in relativ jungen Jahren.

Nach dem Zweiten Weltkrieg er-warb die Stadt München die burgähn-liche Villa, die seither als eine der schönsten Jugendherbergen Europas gilt.

Die Gemeinde Icking reicht mit ihren verschiedenen Orts-teilen bis an die Isartalkante und nutzt die Naturlage des eigentlich wilden Tales.

Baierbrunn, heute ein moderner Ort am linken Isarhochufer, war über viele Jahrhunderte eine geschlossene Hofmark des Kloster Schäftlarn mit einer eigenen Gerichtsbarkeit.

Kloster Schäftlarn, an einem alten Isarübergang gegründet, gehört zu den Benediktinerklöstern der ersten Stunde Bayerns. Die Klosterkirche ist ein wahres Juwel des Rokoko, das von Künstlern wie Johann Michael Fischer, Johann Baptist Zimmermann oder Johann Baptist Straub ausgestaltet wurde.

Die Burg Grünwald hoch über der Isar ist die einzige mittelalterliche Burg, die sich in der näheren Umgebung von München erhalten konnte.

Mit der burgähnlichen Villa Schwaneck erfüllte sich der Münchner Bildhauer Ludwig Schwanthaler 1843 hoch über der Isar einen Kindheitstraum.
Heute beherbergt das Gebäude eine der schönsten deutschen Jugendherbergen und ist Bildungsstandort mit ökologischen Angeboten.

31

Isarrauschen in der Großstadt

München und sein Fluss

Die Münchner Museumsinsel gilt als Gründungsort der Stadt München, weil hier Heinrich der Löwe eine Doppelbrücke über den Fluss bauen und eine Zollstation errichten ließ. Heute ist dort das „Deutsche Museum von Meisterwerken der Naturwissenschaft und Technik" beheimatet.

Ich sehn mich nach der Isar Strand …, dichtete voller Heimweh die österreichische Kaiserin Sisi, wenn sie an ihre Heimat dachte. Die Isar gehört zu München wie die Donau zu Wien, der Rhein zu Köln, die Spree zu Berlin, die Seine zu Paris, der Tiber zu Rom, die Themse zu London. München, die Stadt „zu den Munichen", war seit ihren Anfängen untrennbar mit dem Fluss verbunden. Ihre Keimzelle war das Petersbergl unweit der Isar, seit dem 8. Jahrhundert eine Niederlassung von Mönchen aus dem Kloster

Am Ickinger Stausee lässt sich die Verfahrensweise bei der Isarregulierung gut erkennen: Ein Wehr leitet das meiste Wasser in einen Kanal ab, der verbleibende Rest darf das ursprüngliche Flussbett nutzen.

Tegernsee, und das Münchner Kindl war daher zunächst ein Mönch mit goldgeränderter schwarzer Kutte und roten Schuhen.

Als eigentliches Gründungsjahr Münchens gilt jedoch die urkundlich erwähnte Errichtung einer Isarbrücke nahe dieser Mönchssiedlung im Jahr 1158. Der legendäre Heinrich der Löwe, damals in einer Person Herzog von Bayern und Sachsen, hatte die Freisinger Zollbrücke in Oberföhring niederbrennen und die wichtige Salz- und Handelsstrasse auf Münchner Gebiet verlegen lassen. Natürlich verstieß dies gegen geltendes Recht, und der Freisinger Bischof klagte auch gleich vor dem Kaiser, doch Recht haben und Recht bekommen war damals schon zweierlei. Die Brücke blieb in München – lediglich ein Drittel der Zolleinnahmen musste an Freising abgeführt werden, was übrigens bis 1803 geschah. Die neue Siedlung florierte, München wuchs und wurde schnell zur Stadt. Dies blieb auch so, nachdem der Welfenherzog in den Auseinandersetzungen mit seinem Vetter, Kaiser Friedrich Barbarossa, den Kürzeren gezogen und 1180 das Herzogtum Bayern verloren hatte.

Die große Zeit Münchens begann allerdings erst gut dreihundert Jahre später, und zwar mit dem Landshuter Erbfolgekrieg (1504/05). Bis dahin war nämlich Landshut mit Niederbayern das größere, wichtigere und wohlhabendere Teilherzogtum. Doch in Landshut hatte man um 1500 ein großes Problem: Es gab keinen Erbprinzen! Herzog Ludwig der Reiche in Landshut aber gönnte es den Münchner Verwandten nicht, sein blühendes Herzogtum zu übernehmen, und setzte im Testament seine Tochter Elisabeth als Alleinerbin ein, woraufhin Albrecht IV. von den Münchner

Wittelbachern der Landshuter Linie den Krieg erklärte. Zwar gewannen die Münchner diesen verwandtschaftlichen Zwist, doch es sollte ein Pyrrhussieg sein, da die vielen Helfer und Helfershelfer sich reichlich mit bayerischem Land belohnen ließen. So nahm Österreich sich Kufstein und Kitzbühel, Nürnberg, damals noch Freie Reichsstadt, verleibte sich Hersbruck, Velden und Altdorf ein. Ironie der Geschichte: Hätte es damals einen Erbprinzen in Landshut gegeben, wäre heute sicherlich Landshut und nicht München die bayerische Landeshauptstadt.

Immerhin übernahmen gut zweihundert Jahre später die Nachkommen der Landshuter Prinzessin Elisabeth, die in die pfälzische Linie der Wittelsbacher eingeheiratet hatte, ganz Bayern, als es bei den Münchner Wittelsbachern keinen Thronerben gab. Manchmal ist die Welt doch noch gerecht, und man muss nur warten können.

Im Isartal wurden eine ganze Menge Stauseen angelegt, wie hier bei Icking, die dem „Wassermanagement" dienen.

Heute ist München eine Großstadt mit 1,3 Millionen Einwohner und damit drittgrößte Stadt Deutschlands, die größte Bayerns sowieso. Geht man davon aus, dass um 1700 nur 24.000 Menschen in München lebten, dann hat sich die Bevölkerung seither in nahezu jeder Generation verdoppelt. Im Jahr 1852 wurde die Hunderttausendergrenze überschritten, 1957 die Millionengrenze. Damit hat sich die Einwohnerzahl seit 1700 verfünfzigfacht. München hat heute mit 4313 Einwohnern je Quadratkilometer sogar die höchste Bevölkerungsdichte aller deutschen Großstädte. Jeder Einwohner hinterlässt seinen „Fußabdruck", weil er Wohnraum und vielfältige Infrastrukturen braucht. Hier Verzicht zu fordern, wäre naiv und nicht umsetzbar, doch die Folgen sind unübersehbar. Was München an Naturqualität verloren hat, kann man ermessen, wenn man es mit jenen bayerischen Städten vergleicht, die ursprünglich gleichrangig mit München waren, deren Wachstum aber aus den verschiedensten Gründen stagnierte und die an Bedeutung verloren. Dazu gehören beispielsweise Regensburg, einst eine der bedeutendsten Reichsstädte, sowie Landshut, Straubing oder Ingolstadt, die ehemaligen Residenzen der anderen Wittelsbacherlinien. Dort sieht man selbst als Laie, welchen Preis eine Millioneneinwohnerschaft der Natur abverlangt!

Thalkirchen in der Isarniederung, eine der älteren Ansiedlungen in Münchens Süden, hat immerhin noch viel Grünfläche und eine bedeutende Funktion als Naherholungsgebiet für die gesamte Stadt. Hier enden die erwähnten beliebten Floß-

Der Münchner Tierpark Hellabrunn wurde 1911 gegründet. Das heutige Elefantenhaus mit der damals größten freitragenden Kuppel der Welt stammt noch aus dieser Zeit.

Der Flaucher-Steg in Thalkirchen erhielt seinen Namen von einer Gastwirtschaft „Zum Flaucher" am westlichen Isarufer. Hier zeigt die Isar mit Flussrinnen und ausgedehnten Kiesbänken noch etwas vom einstigen Wildwassercharakter.

fahrten auf der Isar, und hier befindet sich vor allem der überregional bekannte Tierpark, der ins Landschaftsschutzgebiet der östlichen Isarauen eingebettet ist. Hellabrunn, 1911 eröffnet, ist ein relativ „junger" Tierpark, denn die Zoos in Berlin, Frankfurt, Köln oder Hamburg sind rund ein halbes Jahrhundert älter. Die Isarauen um das Lustschlösschen Hellabrunn gehörten damals der Stadt München, die das Areal zunächst für sechzig Jahre unentgeltlich zur Verfügung stellte. Heute ist Hellabrunn ein

Geozoo, der seine Gehege und Tierarten nach geografischen Gesichtspunkten angeordnet hat. Insgesamt nennt der Tierpark rund 7700 Tiere aus 340 Wirbeltierarten sein Eigen, die längst nicht mehr hinter Gittern zu sehen sind, sondern durch Wassergräben oder Glasscheiben getrennt in meist großen Gehegen mit altem Baumbestand gehalten werden. Das Elefantenhaus von 1914 mit der zur Bauzeit größten freitragenden Kuppel der Welt war das erste repräsentative Gebäude. Seit den siebziger Jahren folgten neue wegweisende Bauten: das Urwaldhaus für Schimpansen

Schon aus der Vogelperspektive erkennt man an der geschlossenen Uferbebauung der Isar, welch hohe Bevölkerungsdichte München haben muss.

und Gorillas mit Dschungelklima sowie einem großen Korallenriffbecken; eine zeltartige, 5000 Quadratmeter große Freiflugvoliere mit Störchen, Ibissen oder Reihern; ein Polarium mit Pinguinen, Robben und Eisbären; ein Dschungelzelt für Großkatzen mit tropischer Urwaldlandschaft und frei fliegenden Vögeln oder ein Glashaus für Riesenschildkröten sowie eine Nacktmullkolonie.

Eng mit der Isar verknüpft ist die Museumsinsel, die bis vor einem Jahrhundert vor allem eine Floßlände war und wegen der Lagerung von Kohlen auch Kohleninsel hieß. Bedeutsam ist vor allem, dass genau hier jene Doppelbrücke samt Zollstation errichtet wurde, die den Aufstieg der kleinen Siedlung zur Stadt erst ermöglichte. So wichtig die Brücke für München war – ihre Erhaltung war ein schwieriges Unterfangen, da die Isar zur Schneeschmelze das Bauwerk sehr oft zerstörte. Beispielsweise stürzte im ausklingenden Mittelalter innerhalb von hundertfünfzig Jahren (zwischen 1343 und 1495) die Brücke ganze fünfzehnmal ein und musste immer wieder neu errichtet werden. Dies änderte sich wenig in den nachfolgenden Jahrhunderten. Bei einem Hochwasser im September 1813 beispielsweise brach sie ebenfalls zusammen und riss über hundert Schaulustige mit in den Tod, die sich auf der Brücke befunden hatten. 1899 zertrümmerte ein Hochwasser binnen zweier Tage die Luitpolt- und die Max-Josephs-Brücke. Nach dem verheerenden Hochwasser von 1899 begannen Pläne zu reifen, die Insel inmitten der Isar nach dem Vorbild der Pariser „Île de la Cité" über-

Thalkirchen (die Kirche im Tal) blickt auf gut 750 Jahre Geschichte zurück, und der Ortskern der ursprünglich eigenständigen Gemeinde war um die Kirche St. Maria angeordnet. 1900 kam Thalkirchen dann zu München.

schwemmungssicher auszubauen und ihr eine genau umgrenzte, ummauerte Fläche zu geben. Durch den Ausbau wurde die Insel zum attraktiven Bauland, für das es die unterschiedlichsten Pläne gab. Schließlich stellte die Stadtverwaltung die Kohleninsel kostenlos für das prestigeträchtige Unternehmen eines Museumsbaus zur Verfügung, und aus der Kohleninsel wurde die Museumsinsel.

Dieser Neubau, der den größten Teil der Museumsinsel einnimmt, entstand als „Deutsches Museum von Meister-

Die langen Isarufer mit ihren Kiesbänken werden in den warmen Monaten gern von erholungssuchenden Münchnern bevölkert.

werken der Naturwissenschaft und Technik". Den Grundstein legte im November 1906 der deutsche Kaiser Wilhelm II. höchstpersönlich. Eine der wichtigsten Personen hinter der Museumsidee war Oskar von Miller, der als Elektroingenieur einen landesweiten Ruf genoss (sein Vater hatte übrigens die Münchner Bavaria geschaffen, das damals größte gegossene Standbild der Welt). Miller orientierte sich an Vorbildern im „South Kensington Museum" in London und im „Conservatoire des Arts et Métiers" in Paris. Aktueller Anlass der Museumsgründung war die Jahreshauptversammlung der deutschen Ingenieure. Die Fertigstellung des Baus zog sich kriegsbedingt bis 1925 hin, wobei schwierig nicht nur die Finanzierung war, sondern auch die Fundierung im sandig-kiesigen Isaruntergrund. Heute ist das Deutsche Museum mit rund 28.000 ausgestellten Objekten das größte naturwissenschaftlich-technische Museum der Welt, das jährlich von rund eineinhalb Millionen Menschen besucht wird. Die Ausstellungsphilosophie hat vor allem den interessierten Laien im Blick, dem naturwissenschaftliche und technische Erkenntnisse möglichst lebendig und verständlich nahegebracht werden sollen. Oskar von Miller bestimmte maßgeblich die Konzeption und die Gestaltung der Sammlungen und war auch sehr geschickt in der Anwerbung von Geldgebern und Förderern – ein zeitgenössischer Cartoon zeigte ihn überlebensgroß in der Bettelmönchskutte inmitten vieler kleiner Gestalten, die bereitwillig ihre Spenden übergeben.

Geht man an der Isar entlang, erreicht man nach kurzer Zeit die Praterinsel, die ebenfalls befestigt und bebaut ist und zudem die Maximiliansbrücke trägt. Hier befindet sich neben dem Aktionsforum Praterinsel auch das Alpine Museum des Deutschen Alpenvereins. Der Inselname geht auf einen Wirt zurück, der hier inmitten der Isar 1810 ein Gasthaus errichtete und es in Anlehnung an den Wiener Vergnügungspark „Praterwirtschaft" nannte. Bald danach waren ein kleiner Park mit Karussell und ein Tanzsaal entstanden, und so bürgerte sich bald der Name Praterinsel ein. Die Insel ist heute über mehrere Fußgängerbrücken erreichbar, ein Wehrsteg verbindet sie mit der flussaufwärts gelegenen Museumsinsel.

Unter den vielen Brücken Münchens sind zwei besonders berühmt: die Maximilians- und die Prinzregentenbrücke, die eigentlich Luitpoldbrücke heißt. Hier haben sich zwei bayerische Könige und ihre Architekten die unterschiedliche Höhenlage der Isarufer zunutze gemacht, um neue städtebauliche Maßstäbe zu setzen. Maximilian II. beauftragte 1853 Friedrich Bürklein damit, eine Straße zu konzipieren in einem „die Kultur der Gegenwart" repräsentierenden Stil. Ausgehend vom Nationaltheater am Max-Josephs-Platz reihen sich Gebäude in verschiedenen Stilrichtungen, unter denen jedoch das gotische Moment dominierend ist, aneinander bis hinunter zur Isar. Auf der anderen Seite, dem rechten Hochufer, thront majestätisch das Maximilianeum, dessen pathetische Kulissenarchitektur die perspektivische Verlängerung der Maximilianstraße über die Isarbrücke hinaus darstellt. Heute Sitz des Bayerischen Landtags, war das Gebäude ursprünglich nur dazu bestimmt, begabten jungen Männern des Landes ein Studium bei kostenloser Unterkunft zu ermöglichen. Noch heute existiert dort die Stiftung Maximilianeum für Hoch-

begabte – allerdings sind inzwischen auch Studentinnen zugelassen. Von der Freibrüstung des Gebäudes, die öffentlich zugänglich ist, hat man einen weiten Blick über München und das Isartal.

Parallel zur Maximilianstraße verläuft die Prinzregentenstraße, eine der letzten großen städtebaulichen Erweiterungen des 19. Jahrhunderts. Während Erstere sich zur Topadresse für noble Einkäufe entwickelt hat, kommt die Zweite mit ihren Museumsbauten nüchterner und monu-

St. Maximilian, direkt an der Isar gelegen, ist eine neuromanische Kirche der Isarvorstadt. Der Spatenstich für den Kirchenbau erfolgte 1895.

Das Isartor entstand 1337 im Rahmen der großen Stadterweiterung durch Kaiser Ludwig dem Bayern. Es fällt auf, dass man damals noch wegen der Hochwassergefahr einen deutlichen Abstand zur Isar gehalten hat.

mentaler daher. Bereits von Ludwig II. geplant, wurde sie seit 1891 realisiert von dem Prinzregenten Luitpold, der für den geisteskranken König Otto, einen Bruder des Märchenkönigs, die Amtsgeschäfte führte. Auch diese Straße wurde so gestaltet, dass sie auf dem Hochufer auf der anderen Seite der Isar eine Verlängerung erfährt: den Friedensengel, der von der Stadt München zur Erinnerung an den Frieden nach dem Deutsch-Französischen

Der Marienplatz ist der zentrale Platz der Münchner Innenstadt. Er liegt am Kreuzungspunkt der beiden Hauptachsen der Altstadt, der Ost-West-Achse zwischen Isartor und Karlstor sowie der Süd-Nord-Achse zwischen Sendlinger Tor und dem ehemaligen Schwabinger Tor.

Krieg 1870/71 gestiftet wurde. Über einer Terrasse im florentinischen Stil erhebt sich eine dreiundzwanzig Meter hohe Säule, deren Unterbau der Korenhalle auf der Athener Akropolis nachempfunden ist, während der sechs Meter hohe Engel an die Siegesgöttin Nike erinnert. Heute ist der Friedensengel eines der beliebtesten Fotomotive in München.

Weiter geht es entlang der Isar von der Prinzregentenstraße zum Englischen Garten, einer riesigen Gartenanlage in den Isarauen. Hier wurden über Jahrhunderte Hirsche für die herzogliche und kurfürstliche Jagd gezüchtet. Dies änderte sich erst, als der Pfälzer Karl Theodor 1777 das kurfürstliche Bayern erbte: Benjamin Thompson, ein Amerikaner, der schon in englischen und österreichischen Diensten gestanden hatte, bevor er das bayerische Heer reorganisierte und zum Grafen Rumford avancierte, wurde mit der Schaffung eines „Militärgartens" beauftragt. Allerdings sollte dieser Garten „nicht nur alleine zu Vorteil und Ergötzung des Militärs, sondern auch zum allgemeinen Gebrauch als ein öffentlicher Spaziergang dienen". Bald entstand der Theodorpark, der später schlicht Englischer Garten heißen sollte, weit über den ursprünglichen Militärgarten hinausging und sogar den Hirschangerwald und die obere Hirschau einbezog. Verschiedene Bauwerke wurden gezielt in den Landschaftspark gesetzt – das berühmteste dürfte der 1792 entstandene Chinesische Turm sein. Mit den Jahren haben sich im Englischen Garten zahlreiche Biergärten angesiedelt, in die beim ersten Sonnenstrahl Jung und Alt strömen. Hinter der Stadtgrenze erreicht die Isar Ismaning. Das *ing* im Ortsnamen verweist auf alte bajuwarische Wurzeln und

Die Münchner Frauenkirche gilt als das Wahrzeichen der bayerischen Landeshauptstadt. Sie bietet mit rund zwanzigtausend Stehplätzen mehr Menschen Platz, als die Stadt zur Bauzeit im ausgehenden 15. Jahrhundert Einwohner hatte.

kommt in der Gegend ausgesprochen häufig vor („Ortsnamen sind die Friedhöfe der Sprache"). Ismaning wurde zusammen mit einigen anderen Ortschaften 1319 vom bayerischen Herzog und späteren deutschen Kaiser Ludwig dem Bayern gegen „hundert March lotrings silber" an das Freisinger Hochstift verkauft. Die Freisinger Bischöfe formten daraus als geschlossenes Herrschaftsgebiet die „Grafschaft

44

auf dem Yserrain", und zweihundert Jahre später war die Reichsgrafschaft Ismaning daraus geworden mit einem von vier Türmen gekrönten Renaissanceschlösschen – die Freisinger Bischöfe fühlten sich offensichtlich wohl in Ismaning.

Nächster Ort ist Garching, das erst 1990 zur Stadt wurde und seit kurzem eine eigene technische Universität beherbergt. Die meisten Menschen in Bayern und Deutschland werden mit Garching jedoch das „Atom-Ei" verbinden. Es ist Teil des Forschungsreaktors München (FRM), der 1957 als erster in Deutschland in Betrieb genommen wurde und bis 2000 am Netz war. Die eiförmige Kuppel, die stolzer Bestandteil des Garchinger Wappens ist, steht heute unter Denkmalschutz. Immerhin ist das Atom-Ei, wenngleich seinerzeit heftig umstritten, zum Wahrzeichen der Kernforschung im jungen Nachkriegsdeutschland und zugleich zum Symbol des Neubeginns geworden.

Die Praterinsel ist neben der Museumsinsel eine der beiden bebauten Isarinseln in München. Der Name bezieht sich auf die „Praterwirtschaft", die hier 1810 von einem Wiener eröffnet wurde.

Der Friedensengel auf einer korinthischen Säule inmitten der Prinzregentenstraße ist die Nachbildung der Siegesgöttin aus der griechischen Mythologie und wurde 1899 feierlich enthüllt zum Gedenken an den Friedensschluss nach dem Deutsch-Französischen Krieg von 1870/71.

Das Maximilianeum auf dem östlichen Isarhochufer gibt schon aus der Entfernung eine großartige Kulisse ab und ist praktisch eine perspektivische Verlängerung der Maximilianstraße. Es ist heute Sitz des Bayerischen Landtags.

47

Das Lehel ist die älteste Münchener Vorstadt und wurde im Mittelalter vor allem von Leuten bewohnt, die nicht in der Stadt leben konnten. Nach der Eingemeindung wurde sie zwar offiziell „St.-Anna-Vorstadt" genannt, im Volksmund aber blieb es bei „Lehel".

Der Englische Garten in München war einer der ersten großen Landschaftsgärten in Kontinentaleuropa, die ausdrücklich zur Benutzung durch das gesamte Volk freigegeben waren. Der Monopterus wurde 1836 von Leo Klenze entworfen.

An den Mittleren Isarkanal sind verschiedene Teiche angeschlossen, die zur Fischzucht verwendet werden. Der Kanal selbst dient der Elektrizitätserzeugung; sein Bau in den zwanziger Jahren trug maßgeblich dazu bei, dass das Erdinger Moos endgültig trockengelegt wurde.

Der Kleinhesseloher See wurde um 1800 angelegt und hat mit der Königininsel, der Kurfürsteninsel und der Regenteninsel drei unterschiedlich große Inseln. Beliebter Treffpunkt am See ist der Biergarten „Seehaus".

Der Olympiapark erinnert noch heute an die Olympischen Spiele von 1972. Er ist in der Welt besonders wegen der gewagten Zeltdachkonstruktion berühmt, die sich in die Hügellandschaft des umgebenden Parks einpasst.

Auf den Spuren Korbinians

Freising und Moosburg

Der Freisinger Dom war der Bischofssitz des früheren Bistums Freising, bevor dieses 1821 zum Erzbistum München und Freising umgestaltet und der Münchner Liebfrauendom zur Kathedrale erhoben wurde. Die Vorgängerkirche war bereits im 8. Jahrhundert Bischofssitz, rund vierhundert Jahre vor der Gründung Münchens.

Bevor die Isar Freising erreicht, das vielleicht eine ganz andere Entwicklung genommen hätte ohne den Rechtsbruch Heinrichs des Löwen, durchfließt sie das Erdinger Moos, ein rund fünfundzwanzig Quadratkilometer großes Niedermoor – Moos steht für die altbayrische Bezeichnung für Moore und Feuchtgebiete. Von seiner Lage her wäre es richtiger, vom „Freisinger Moos" zu sprechen, was früher auch bisweilen der Fall war. Verbürgt

Der fünfschiffige Freisinger Dom mit seiner Doppelturmfassade ist romanischen Ursprungs und stammt aus dem Jahr 1159. Er ersetzte damals eine durch Brand zerstörte ältere Kirche. Über die Jahrhunderte wurde der Dom mehrfach umgestaltet.

sind ferner die Namen „Isarmoos" oder „Erding-Freisinger Moos". Wie auch immer, dieses Feuchtgebiet entstand durch den Austritt von Grundwasser aus der Münchner Ebene und wurde vor seiner Entwässerung vor allem extensiv als Weideland genutzt. Bereits im 18. Jahrhundert gab es Pläne, das „unnütze" und „gesundheitsschädliche" Moor trockenzulegen, doch die Realisierung blieb weitgehend auf der Strecke. Erst zwischen 1850 und 1920 gelang eine flächendeckende Trockenlegung, und spätestens der Bau des Mittleren Isarkanals senkte den Grundwasserspiegel im Erdinger Moos entscheidend ab. Die Austrocknung nahm sogar derartige Ausmaße an, dass es in den Folgejahren zu Staubstürmen in der Region kommen konnte. Als man sich ab 1960 erste Gedanken über einen Schutz der verbliebenen Moorwälder und Torfstiche zu machen begann, war es zu spät, weil das Erdinger Moos als möglicher Standort des neuen Großflughafens München vorgesehen war. Zwar stand die Notwendigkeit eines solchen Projekts nach einem Flugzeugabsturz in der Münchner Stadtmitte nicht generell infrage, doch es ging um das Wie und Wo. Die Flughafenbauer setzten schließlich den Standort im Erdinger Moos durch, obwohl die Mooskolonie Franzheim komplett umgesiedelt werden musste. Heute benutzen mehr als dreißig Millionen Fluggäste den Flughafen, der nach Frankfurt/Main das zweitgrößte Luftfahrtdrehkreuz in Deutschland ist. Da man sich inzwischen an der Kapazitätsgrenze bewegt, steht ein Ausbau zur Diskussion, für den wiederum Dörfer werden weichen müssen.

Freisings Altstadt liegt auf Hügeln, die sich an den linken Ufern von Isar und Moosach erheben. Die markanteste

Höhe ist der Domberg. Freising war schon eine Stadt, als München noch aus Bauernhöfen zwischen Sendling und Schwabing bestand. Im frühen Mittelalter unter dem Namen *Frigisinga* zunächst eine Herzogspfalz der bajuwarischen Agilolfinger, begründeten diese hier um 715 eine Siedlung, und somit gilt Freising als älteste Stadtgründung Oberbayerns, auch wenn andere, wie beispielsweise das nahe gelegene Moosburg, früher die richtigen Stadtrechte erhielten. Damals wurde der Markt neben Regensburg, Passau und Salzburg einer der vier Bischofssitze Bayerns. Der fränkische Wanderbischof Korbinian wurde erster Freisinger Bischof und Gründungsheiliger des Bistums. Gut siebzig Jahre später (788) ging Freising ganz in kirchlichen Besitz über, und der Domberg wurde zur „geistlichen Stadt".

Das Freisinger Wappen mit dem Bären und dem weiß-blauen Rautenmuster verdeutlicht die beiden Wurzeln der Stadt: Der Bär – der Legende nach trug er das Gepäck des heiligen Korbinian über die Alpen – ver-

Die Altstadt Freisings schmiegt sich noch heute um den markanten Domberg, der wohl schon vor der bayerischen Zeit besiedelt war.

Schloss Isareck liegt auf einem Steilhang der Isar nahe dem Zusammen-fluss von Isar und Amper. Im 16. Jahrhundert für Herzog Albrecht V. als mehrflügelige Anlage erbaut und 1803 teilweise abgerissen, beherbergt das Schloss heute ein beliebtes Ausflugslokal mit Biergarten.

weist auf die kirchlichen Wurzeln, das Rautenmuster auf die bayerischen. 1989 feierte Freising das 1250-jährige Jubi-läum als geistliche Stadt und 1996 mit einer eigenen Brief-marke tausend Jahre Marktrecht. Der Mariendom, weithin sichtbar auf dem Domberg, geht in seinem Ursprung auf eine Marienkirche des Jahres 715 zurück und wurde nach Bränden zweimal neu aufgebaut. Der fünfschiffige romani-sche Dom war der erste Ziegelbau, der seit dem Untergang

des Römischen Reiches nördlich der Alpen ausgeführt wurde, und die mächtige Pfeilerbasilika mit den beiden Westtürmen und der Hallenkrypta gilt heute als Baudenk-mal ersten Ranges.

Der Zeitpunkt des zweiten Brandes (1159) fällt in jene Jahre, in denen sich Heinrich der Löwe, damals mächtiger Herzog von Bayern, mit dem Freisinger Bischof stritt, weil ihm die lukrative Zollbrücke auf dem Territorium des Bis-tums ein Dorn im Auge war. Wie die Geschichte ausging, wurde bereits im Zusammenhang mit München berichtet. Jedenfalls blühte München auf, während Freising über den Rang einer fürstbischöflichen Residenz nicht mehr hinaus-kam. Als es in napoleonischer Zeit dem bayerischen Terri-torium zugeschlagen wurde, war es auch mit dem letzten Rest von Eigenständigkeit vorbei.

Hinter Freising erreicht man Neufahrn, das trotz seines Al-ters – immerhin wurde es bereits 804 urkundlich erwähnt – eine eher unbedeutende Ansiedlung blieb, die sich im Orts-kern um St. Wilgefortis lange nahezu unverändert erhielt. Die Ortschaft links der Isar gehörte bis zum ausgehenden Mittelalter größtenteils dem Kloster Weihenstephan, später dem Hochstift Freising. Neufahrn blieb ein kleines und armes Dorf, das oft am Rande des Ruins stand. Diese Grundsituation änderte sich erst nachdrücklich, als im Jahr 1858 nur einen Kilometer vom Ortskern entfernt die Bahn-linie München-Landshut vorbeigeführt wurde. An der neuen Strasse zum Bahnhof kam es bald zu Neubauten, und über die Jahrzehnte wurde Neufahrn immer mehr zum Straßendorf mit einer zum Bahnhof führenden Hauptverkehrsader. Im „Speckgürtel" Münchens sind auch für Neufahrn die schlechten Zeiten vorbei! Weitaus historischer sieht es in Moosburg aus, der nächsten Etappe entlang der Isar. Seit 769 bestand dort eine Klostersiedlung der Benediktiner mit den Reliquien des heiligen Kastulus, die zunächst eine unabhängige Reichsabtei war und etwa hundert Jahre später an das Bistum Freising fiel. Im Laufe der Zeit entwickelte sich im Umkreis der Klostersiedlung ein Marktflecken: Zunächst wurde eine Zollstation für die Isarbrücke errichtet, dann kamen Handwerker, die sich hier ansiedelten. Heinrich der Löwe ließ den Grundstein für die Kastuluskirche legen, die noch heute das Stadtbild prägt. Auch ein Schloss gab es, das allerdings nach einem Brand nicht wieder aufgebaut wurde. Hier residierten bis zu ihrem Aussterben die Edlen von Moosburg, die nach ihrer Erhebung in den Grafenstand in der gleichnamigen, eigens für sie eingerichteten Grafschaft das Sagen hatten. 1284 fiel Moosburg endgültig an Bayern.

Moosburg an der Isar entstand fast in einer Insellage der Flüsse Isar und Amper. Der Ort ist aus der Klostersiedlung *Mosabyrga* hervorgegangen, die besonders wegen der Reliquien des heiligen Kastulus berühmt war.

In nicht wenigen Bereichen des Isartals verläuft das Isarwasser
parallel, einmal im alten Flussbett, einmal im Kanal.

Kein seltenes Bild im Isartal: Ein Wehr staut das Isarwasser, und ein Kanal zweigt den größten Teil ab, sodass im alten Flussbett manchmal nur ein bescheidener Rest bleibt.

Ein Hauch von Geschichte

Landshut – die alte Hauptstadt

Landshut war wie geschaffen für eine Ansiedlung: Der Hofberg erlaubte die Errichtung einer Burg, die Mühleninsel in der Isar ermöglichte zwei kleinere Brücken anstatt einer großen, die Isar sorgte für den Anschluss an die Welt, weil der Handel aus der Alpenregion zur Donau über den Fluss abgewickelt wurde.

Auch für die Gründung von Landshut, was so viel bedeutet wie „Landes Hut, also „Schutz des Landes, war die Isarlage ausschlaggebend. Zwar gab es bereits früher auf dem Areal der Burg Trausnitz eine Wehr- und Wachsiedlung, doch der Wittelsbacher Ludwig der Kelheimer hatte anderes im Sinn, als er 1204 bei der Mühleninsel Brücken über die Isar schlagen ließ, nachdem er die

Mautbrücke des Regensburger Bischofs zerstört hatte und damit dem Beispiel Heinrichs des Löwen und seinem Handstreich gegen den Freisinger Bischof gefolgt war. Ludwigs Ziel war es, Landshut zu einem wichtigen Handelsposten und Umschlagplatz für den Warentransport auf der Isar zu machen. Seine Rechnung ging auf, und bald entwickelte sich die Stadt zum Hauptsitz der bayerischen Herzöge, war also de facto die Landeshauptstadt.

Landshut gedieh prächtig, und die Stadtmauern mussten mehrmals erweitert und neue Stadttore errichtet werden: Zug um Zug wurde der Gründungskern um Mühleninsel und Hofberg um die Untere Altstadt, die Neustadt, den Dreifaltigkeitsplatz sowie die „Freyung" erweitert. Im Jahr 1253 erfolgte eine Teilung Altbayerns in Oberbayern (Hauptstadt München) und Niederbayern (Hauptstadt Landshut). Trotzdem wurde der Landshuter Machtbereich ständig erweitert: 1429 kamen beispielsweise Teile des Straubinger Ländchens hinzu und 1447 ganz Bayern-Ingolstadt, wo ebenfalls eine Linie der Wittelsbacher residierte. Die Landshuter Herzöge führten wegen ihrer erfolgreichen Politik, die der Stadt und dem Herzogtum Wohlstand sicherte, jeweils den Beinamen „der Reiche". Allerdings regierten sie auch mit eiserner Hand – so wurden einmal sämtliche Landshuter Stadträte auf der Burg Trausnitz gefangen gesetzt und nahezu fünfzig der reichsten Bürger rigoros enteignet.

Die Landshuter Hochzeit im Jahr 1475 stellte zweifellos den strahlenden Zenit der Landshuter Macht dar. Der Herzogssohn heiratete die polnische

Schloss Kronwinkl in der Nähe von Eching, vor etwa 900 Jahren erstmals urkundlich erwähnt, ist seitdem im Besitz der Grafen von Preysing. Heute ist dem Schloss ein Restaurant und Hotelbetrieb angegliedert.

Mancher Ort an der Isar wie hier Eching im Landkreis Landshut liegt nach dem Isarausbau ganz nah an einem Stausee.

Die Landshuter Altstadt drängt dicht an die Isar heran. Zweifellos wäre Landshut heute die Landeshauptstadt Bayerns, wenn es um 1500 in dem Teilherzogtum einen Erbprinzen gegeben hätte, denn damals regierte dort die erfolgreichere Wittelsbacherlinie.

Jagellonenprinzessin Jadwiga (Hedwig). Das Hochzeitsfest wird allgemein zu den größten und prunkvollsten Festen des Spätmittelalters gezählt, mehrere zehntausend Gäste sollen nach Landshut gekommen sein. Es heißt, dass dabei 320 Ochsen, 3000 Schafe und Lämmer, 500 Kälber und etwa 40.000 Hühner auf den Festtischen gelandet seien. Zwar wurde die versprochene reiche Mitgift aus Polen nie überwiesen, aber der gesellschaftliche Aufstieg Bayerns in die hohen Herrscherhäuser Europas war perfekt. Noch heute wird im Vierjahresrhythmus die Landshuter Hochzeit als großes Spektakel nachgestellt, allein der traditionelle Hochzeitszug wird meist von über hunderttausend Besuchern an-

Die Stiftsbasilika St. Martin inmitten der gotischen Altstadt war zur Bauzeit das glanzvollste Gebäude im damaligen Bayern.

geschaut, und die Landshuter Hochzeit zählt damit zu den größten historischen Festspielen Europas.

Zurück in die Geschichte: Nur eine Generation später war es vorbei mit der ganzen Herrlichkeit, denn das Herzogspaar konnte keinen männlichen Erben vorweisen. Mit dem Tod Georgs des Reichen im Dezember 1503 endete daher die glanzvolle Periode der gotischen Stadt. Der Herzog hatte zwar seine Tochter Elisabeth, die mit Kurfürst Ru-

Burg Trausnitz, eine alte Wehranlage, diente dem Schutz des umliegenden Landes. Hier waren aber auch Kaiser zu Gast, wie beispielsweise Friedrich II. , und Minnesänger wie Walther von der Vogelweide.

precht von der Pfalz verheiratet war, zur Alleinerbin eingesetzt, doch die Münchner Linie erkannte diese weibliche Erbfolge nicht an und löste den Landshuter Erbfolgekrieg aus. Der Rest ist bekannt, wie schon an anderer Stelle dargestellt: Bayern-Landshut wurde mit Bayern-München vereinigt, und Landshut verlor weitgehend seine politische Bedeutung. Eine weit reichende Entscheidung für beide Städte.

Trotzdem zeugt noch alles vom vergangenen Glanz der ehemaligen Residenzstadt. Zu Füßen der Festungsanlage erhebt sich mitten in der Altstadt die gotische St.-Martins-Kirche, die auf den Grundmauern einer Vorgängerkirche steht. Die Kirche ist vollständig aus Backstein errichtet und weist mit gut 130 Metern den höchsten Backsteinturm der Welt auf. Zum Vergleich: Die imposanten Türme der Münchner Liebfrauenkirche bringen es „nur" auf 98,57 Meter. Der Sage nach wollten die reichen Landshuter Bürger den Herzögen auf der Burg Trausnitz in die Suppenschüssel schauen, ihnen also auf „Augenhöhe" begegnen können. Landshut war eine wohlhabende Bürgerstadt, denn schließlich ging es auch dem Herzog sehr gut. Der letzte Wittelsbacher, der in Landshut residierte, war Ludwig X., ein Sohn des Münchner Herzogs Albrecht IV. Eigentlich war er bereits vom Regieren ausgeschlossen, da das neu erlassene Primogeniturgesetz immer nur dem Erstgeborenen die Herrscherwürde zugestand und die bis dahin üblichen unseligen Landesteilungen unterband. Da er jedoch vor dem Inkrafttreten des Gesetzes geboren worden war, gab es für ihn eine letzte Ausnahme, und er bekam Landshut und Straubing zugesprochen. Im Stadtbild hat er

sich mit der Residenz, dem ersten Renaissancebau nördlich der Alpen, verewigt.

Die alte Burg Trausnitz hoch über der Stadt, jahrhundertelang Sitz der Landshuter Wittelsbacher, wurde erstmals im Jahr 1150 erwähnt; die ältesten Teile der heute noch stehenden Wehranlage stammen aus der Zeit der Stadtgründung von 1204. Die mittelalterlichen Befestigungen sind größtenteils erhalten. Allerdings brannte 1961 die Burg weitgehend aus, wobei vor allem die Wandmalereien und die prunkvollen Räumlichkeiten den Flammen zum Opfer fielen.

Im Jahr 1800 wurde Landshut Universitätsstadt. Der bayerische Kurfürst Max IV. Joseph verlegte nämlich die einzige bayerische Universität von Ingolstadt nach Landshut – vielleicht

Der hohe Kirchturm von St. Martin im Vergleich zur Burg Trausnitz spiegelt den Bürgerstolz der Landshuter im ausklingenden Mittelalter wider, die sich mit ihrem Herzog auf gleiche Augenhöhe stellen wollten.

Altdorf, hoch über dem Isartal gelegen, führt seinen Namen mit Recht, denn schließlich wurde es schon im Jahr 864 zum ersten Mal exakt unter diesem Namen in einer Urkunde des Klosters Niederaltaich aufgeführt.

eine Referenz an Herzog Ludwig den Reichen, der diese 1472 gegründet hatte. Natürlich protestierte Ingolstadt aufs Heftigste; in München wurde diese Entscheidung dahingehend kommentiert, dass dies „in den gegenwärtigen Kriegsläuften ja nur vorübergehend sei". Es waren die Zeiten der

napoleonischen Ära mit ihren Säkularisationsbestrebungen, und da passte es ganz gut, die Universität der kirchlichen Kontrolle zu entziehen. So schön die neue Bedeutung für Landshut war, für die Stadt war es durchaus keine Kleinigkeit, Professoren und Studenten so schnell aufzunehmen. Erst zwei Jahre später wurde nach der Säkularisation des Dominikanerklosters eine richtige Bleibe gefunden. Gleichzeitig wurde die Hochschule in Ludwig-Maximili-

ans-Universität umbenannt (nach Herzog Ludwig dem Reichen und dem Kurfürsten Maximilian IV. Joseph). Sie sollte laut kurfürstlichem Erlass „für immer" in Landshut bleiben. Die Universität florierte und hatte zwischen fünfhundert und eintausend eingeschriebene Studenten, womit man nach Leipzig, Göttingen, Halle und Berlin die fünftgrößte Universität in Deutschland war. Politikerworte waren jedoch schon damals oft das Papier nicht wert, auf dem sie geschrieben wurden, denn schon 1826 verlegte Ludwig I., kaum König geworden, die renommierte Universität in die Landeshauptstadt München.

Landshut verdankt der Isar nicht nur seinen geschichtlichen Ruhm und Wohlstand, sondern auch einiges an Naturschönheiten. Da ist zum einem in Stadtnähe eine bei den Bürgern beliebte Parkanlage, die sich jedoch nicht allein menschlicher Gestaltungskraft, sondern den Einwirkungen des Wassers verdankt. Es ist die sogenannte Flutmulde, deren eigentlicher Zweck – wie der Name schon sagt – darin besteht, die Hochwassergefahr für die Stadt zu reduzieren, indem sie als Überschwemmungsgebiet dient. In normalen „trockenen" Zeiten wird sie dann zu einem idealen Naherholungsziel.

Diese Funktion haben auch die Stauseen, die sich an der unteren Isar in östlicher Richtung erstrecken wie Altheim und Niederaichbach sowie der viel besuchte Badesee Gretlmühle. In westlicher Richtung gibt es an der Isar ein ausgedehntes Vogelschutzgebiet, die sogenannte Vogelfreistätte, deren Kern die Mittleren Isarstauseen bilden. Halb zum Landkreis Landshut, halb zu dem von Freising gehörend, hat diese Region internationalen Rang und gehört zum Eu-

St. Veit, hoch über Mettenbach gelegen, strahlt selbst aus der Vogelperspektive niederbayerische Atmosphäre und Lebensart aus.

ropäischen Schutzgebietsnetz Natura 2000. Jahr für Jahr brüten hier unzählige Vogelarten, andere ziehen auf ihrem Flug in die Winter- beziehungsweise Sommerquartiere durch. Die Lebensräume am Wasser und in den Wiesen werden ergänzt durch Auwälder und Dämme entlang der Isar und der Stauseen, die wieder andere Lebensbedingungen bieten. Das etwa sechs Quadratkilometer große Areal wird von vielen Wegen durchzogen, die es ermöglichen, die Schönheit dieser Naturlandschaft zu genießen.

Die Kirche von St. Wolfgang bei Essenbach steht einsam inmitten landwirtschaftlicher Flur. Die kleine Gemarkung war bereits seit der Steinzeit Siedlungsgebiet. Später ein Besitz der Freiherren von Etzdorf, bildete es bis 1818 eine geschlossene Hofmark. Der Legende nach hat hier der heilige Wolfgang Rast gemacht.

Dämme und Kläranlagen begleiten an vielen Stellen die Isar und sind ein beredtes Zeichen, dass die ehemals „Reißende" inzwischen stark gezähmt wurde.

Isar 1 und Isar 2 sind zwei Kernkraftwerke bei Ohu, die etwa drei Prozent der Stromerzeugung in Deutschland leisten. Ein drittes Kraftwerk, das sich früher ebenfalls auf dem Gelände befand, wurde mittlerweile vollständig abgebrochen und entsorgt.

Im Herzen Niederbayerns

Dingolfing und Landau

Dingolfing entstand aus zwei Ansiedlungen, dem eigentlichen Kern in der Unterstadt der Regensburger Bischöfe und der Oberstadt der wittelsbachischen Herzöge, doch bereits im Mittelalter wurden die beiden Teile zusammengeschlossen.

Hinter Landshut kommt die Isar weniger romantisch daher, denn dort befinden sich bei Ohu die Kernkraftwerke Isar 1 und Isar 2, zwei bautechnisch unterschiedliche Anlagen auf dem gleichen Gelände. Isar 1 ist ein Siedewasserreaktor, der nach dem derzeitigen deutschen Atomkonsens voraussichtlich 2011 stillgelegt wird. Isar 2 ist ein Druckwasserreaktor, seit 1988 mit knappem Vorsprung der „größte" deutsche Reaktor und wird voraussichtlich bis 2020 am Netz bleiben. Isar 2 bezeichnet sich in Presseverlautbarungen gerne als „ungeliebter Klimaschützer", was natürlich Werbung ist und die Probleme der Kernenergie ausblendet.

Dingolfing ist, wie uns die Endung *ing* verrät, eine alte bajuwarische Siedlung. Der Ort kann praktisch auf eine doppelte Gründung zurückblicken, denn als die Wittelsbacher 1251 die Obere Stadt ins Leben riefen, existierte bereits die Untere Stadt, die zum Bistum Regensburg gehörte. Streitereien zwischen geistlichen und weltlichen Herren waren im Mittelalter an der Tagesordnung, so auch in diesem Fall. Erst 1265 kam es zu einem Vergleich, und beide Stadtteile wurden verschmolzen. Später machte Dingolfing sämtliche Familienwirren der bayerischen Herrscherfamilie mit, gehörte mal zu Ingolstadt, Straubing oder Landshut und schließlich zu München. Besonders unter den Landshuter Herzögen erlebte die Stadt eine wirtschaftliche Blüte, bevor ein Niedergang einsetzte, der eigentlich erst nach dem Zweiten Weltkrieg endete. Damals begann ein neuer wirtschaftlicher Aufschwung, als der Autobauer Glas mit der Produktion seines Goggomobils begann, das bald einen ungeahnten Siegeszug antrat – zunächst als Minimalauto ohne jeden Komfort, später mit immer mehr Finessen bis hin zum Cabriolet und einer Transporterversion. Insgesamt wurde eine knappe viertel Million Autos gefertigt. In den siebziger Jahren übernahm dann BMW die Firma Glas und baute eine neue Fabrik auf der grünen Wiese vor der Stadt. Heute wird das Werk in Dingolfing zusammen mit den Standorten in Regensburg und München als „magisches Dreieck" bezeichnet.

Gemeinsam mit Dingolfing bildet Landau, dessen Altstadt sechzig Meter über der Isar liegt, einen eigenen Landkreis im Regierungsbezirk Niederbayern. Gegründet wurde es, ebenso wie Landshut und Dingolfing, vom Wittelsbacherherzog Ludwig dem Kelheimer, und zwar im Jahr 1224. Der Abt des Benediktinerklosters Niederaltaich beschrieb dies

Zulling und Usterling sind alte Dörfer, von denen Letzteres weit über Bayerns Grenzen hinaus bekannt ist wegen einer bemerkenswerten Naturerscheinung: der „steinernen Rinne", einem Felsen, der in Jahrtausenden zu einer mehrere Meter hohen Wand gewachsen ist.

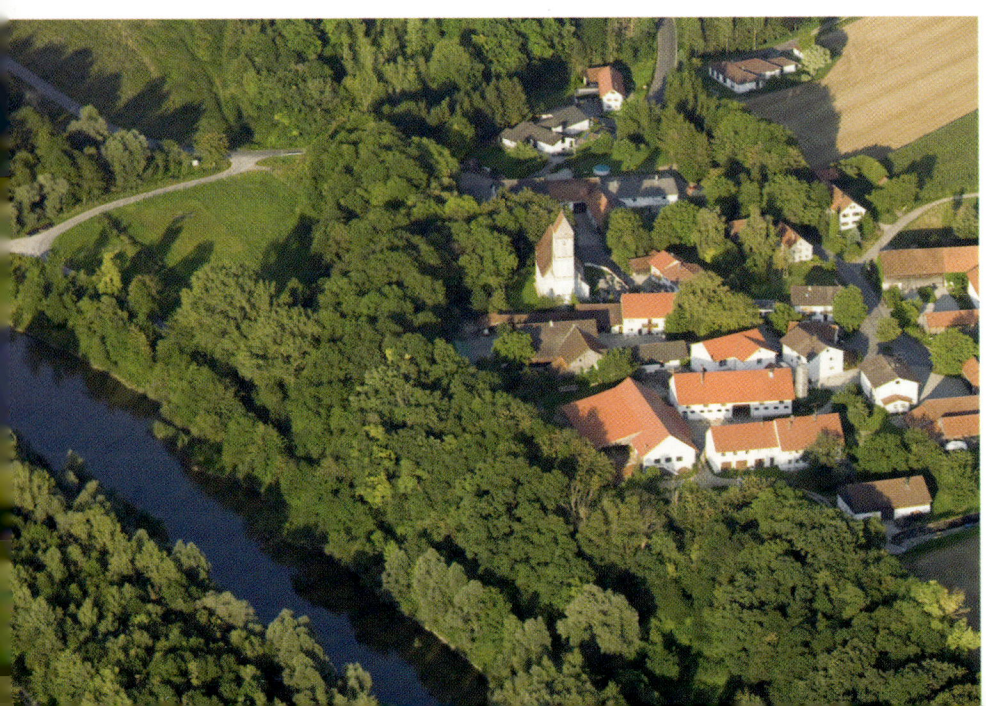

mit *Oppidum in Landau construitur a Ludwico duce Bawarie.* Den politischen Hintergrund der Stadtgründung bildete der angrenzende Machtbereich des Passauer Bischofs. Das „Ampt Landau" gehörte über die Jahrhunderte zu den steuerreichsten Pfründen der bayerischen Herzöge, denn für Getreidehändler und Bierbrauer, für Flößer und Fuhrleute war Landau ein wichtiger Stützpunkt. Es gab sogar ein eigenes Landauer Maßsystem mit Metzen und Scheffel, das überregionale Bedeutung erlangte, und der Reichtum schlug sich auch in prachtvollen Kirchenbauten nieder. Ein rabenschwarzer Tag in der Stadtgeschichte kam während

des bereits erwähnten Landshuter Erbfolgekriegs, als die Stadt fast vollkommen durch Brand zerstört wurde und ihr typisch mittelalterliches Gesicht verlor. Unter den Söldnern der Belagerer hatte sich ein gewisser Götz von Berlichingen befunden, der in diesem Krieg seine rechte Hand verlor; dieser schlichte Soldat nannte Landau nur geringschätzig „ein faules Nest".

Das Niederbayerische Archäologiemu-

Der Ort Niederviehbach gehörte einst zum gleichnamigen Frauenkloster und war bis zur Säkularisation 1803 als geschlossene Hofmark ein Staat im Staat. Der Löwe im Wappen bezieht sich auf den Gründer, den Grafen Berengar von Leonberg. Heute beherbergt das Kloster eine von Dominikarinnen geleitete Mädchenschule.

seum im Kastenhof zeigt eine informative Zeitreise von der Jungsteinzeit bis zur Gegenwart. Hier ist unter anderem der Goldschatz der Kelten zu bewundern, der 1987 zufällig bei Gartenarbeiten gefunden wurde: Ein Sack voller Goldmünzen war irgendwann im ersten vorchristlichen Jahrhundert an dieser Stelle verscharrt und nicht mehr ausgegraben worden. Eine Sonderausstellung befasste sich kürzlich mit den reichen Votivgaben aus dem Kirchturm von Altenkirchen. Sie waren der heiligen Corona geweiht, aus Ton oder Holz hergestellt und seit langem im Turm versteckt gewesen. Man geht davon aus, dass dies in den Stürmen der Aufklärung geschah, als von der Obrigkeit Wallfahrten und Votivgaben nicht selten als Aberglaube abgetan wurden. Die Bauern in Altenkirchen umgingen die angeordnete Vernichtung und versteckten die rund tausend Votivgaben einfach im Turm der Kirche – eine wohl eher bayerische Art, mit unsinnigen Befehlen von oben umzugehen! Die heilige Corona, für die diese Gaben gedacht waren, wurde zur Märtyrerin, weil sie als standhafte Christin auf Befehl des römischen Kaisers Marc Aurel zwischen zwei zurückgebogene Baumwipfel gebunden und bei deren Zurückschnellen in Stücke gerissen worden war. Sie galt bald als Helferin für alle Leiden an Armen und Beinen.

Auch eine andere Besonderheit hat Landau aufzuweisen, doch ist sie geologischer Natur. In der Nähe der Stadt, in Usterling, gibt es den sogenannten „wachsenden Felsen", wie er im Volksmund heißt. Dabei handelt es sich um einen Felsgrat, der moosgrün aus dem Felshang herauswächst, weil dort von Wassermoosen

Das Tal der Isar ist zum begehrten landwirtschaftlichen Raum geworden, der – wie hier in Niederbayern – intensiv genutzt wird.

und Grünalgen laufend Kalktuff ausgebildet wird. In der Fachwelt spricht man von einem Geotop, doch die Leute in der Gegend bleiben lieber bei der Bezeichnung „wachsender Felsen", „Johannisfelsen" oder „steinerne Rinne". Das Naturmonument verdankt seine Existenz einem sehr kalkhaltigen Quellbach, dessen Wasser über die Jahrtausende einen wandartigen, fünfzig Meter langen und manchmal fünf Meter hohen Sinterkalksteinfelsen hat heranwachsen lassen. Allerdings ist die derzeitige Größe nur durch jahrhundertelange künstliche Pflegemaßnahmen zu erklären. Der wachsende Felsen wird zu den hundert schönsten Geotopen Bayerns gezählt.

Teisbach mit seinem idyllischen Schloss ist heute ein Teil Dingolfings; vorher war man ein eigenständiger Markt gewesen.

Landau an der Isar ist eine der vielen Gründungen der Wittelsbacher.
Genau 1224 legte hier Herzog Ludwig der Kelheimer den Grundstein.

Besonders im Mündungsgebiet der Isar glaubt man, sich auf einer Zeitreise zurück in vergangene Zeiten zu befinden, als der Fluss noch seine ganze Ursprünglichkeit besaß.

Durch den Gäuboden zur Mündung

Plattling, Natternberg und Deggendorf

Die Isar ist der dritte große Alpenfluss, der in die Donau mündet.
Andere folgen später und machen sie auf ihrem Weg bis
zum Schwarzen Meer zum bedeutenden europäischen Strom.

Langsam neigt sich die Reise an der Isar entlang ihrem Ende zu, denn bald wird die Stelle erreicht sein, wo sie sich in der Donau verliert. Nächste Station ist Plattling, das ein kleines Dorf war, bis das Eisenbahnzeitalter kam und der unbedeutende Ort zum Knotenpunkt wurde. Um diese „Ehre" hatten viele Gemeinden der Gegend gestritten. Weil die Staatskassen damals um 1865 ziemlich leer waren, hatte man der Gründung der privaten „Königlich privilegierten Actiengesellschaft der bayerischen Ostbahnen" zugestimmt, doch als sich die wirtschaftliche Lage nach dem Krieg von 1870/71 verschlechterte, musste der bayerische Staat in die Bresche springen und übernahm die Ostbahn, die zu diesem Zeitpunkt immerhin über ein Bahnnetz von beachtlichen 905 Kilometern Länge verfügte.

Plattling liegt im Gäuboden, auch Dungau genannt, einer Gegend, die bekannt ist für ihre fruchtbaren Böden, weshalb sie bisweilen auch als Kornkammer Bayerns bezeichnet wird – um 1900 waren die Landwirte dort so wohlhabend, dass man von den „Bauernkönigen" sprach. Neben Getreide und Mais werden hier auch Zuckerrüben angebaut, die in der Schwemmlandebene entlang der Donau bestens gedeihen. Trotzdem ist die Zuckerfabrik in Plattling inzwischen die einzige in Ostbayern, denn der Markt wurde immer mehr reglementiert.

Hoch aus der Donauebene ragt wie eine Insel der Natternberg auf, der aus einem Gneisrücken besteht. Geologen erklären seine Entstehung damit,

Die Gäubodenstadt Plattling könnte das „Pledelingen" im Nibelungenlied sein, wo Kriemhild auf ihrem Zug ins Hunnenland vom Passauer Bischof Pilgrim empfangen wurde.

dass es sich um den übrig gebliebenen Teil eines abgesunkenen Granitbrockens des Bayerischen Waldes handelt. Schon zur Jungsteinzeit als Siedlungsplatz begehrt, errichteten die Grafen von Bogen hier im 12. Jahrhundert einen Standort zur militärischen Sicherung wie zur Verwaltung ihrer ausgedehnten, aber verstreuten Besitzungen in Niederbayern. Folgerichtig wurde der Natternberg mit einem eigenen Burggrafen besetzt. Das Schwergewicht des bogenschen Besitzes lag damals allerdings in den Rodungsgebieten des Bayerischen Waldes, weil sich nur dort ein geschlossener Güterkomplex aufbauen ließ. Mit dem Tod des letzten Grafen von Bogen (1242) brach die Ära der Wittelsbacher an, während der auf dem Natternberg zwei Jahre lang ein niederbayerischer Herzog residierte, der sich sogar den Namenszusatz „Natternberger" gab. Er starb allerdings schon mit einundzwanzig Jahren, ohne einen eigenen Erben zu hinterlassen.

Deggendorf, an der Isarmündung gelegen, wird auch als „Tor zum Bayerischen Wald" bezeichnet. Der Ort war schon zu keltischer Zeit besiedelt, denn dieser Platz war von hohem Interesse, weil hier ein natürlicher Donauübergang existierte. Der Name leitet sich her von *teg* – Wasser, ebenso wie zum Beispiel Tegernsee. Die Anlage des heutigen Grundrisses lässt auf eine wittelsbachische Gründung im 13. Jahrhundert schließen, deren typische Kennzeichen ein zentraler Marktplatz und beidseitig davon abzweigende Straßenzüge waren. Nur der ovale Mauerring ist einmalig unter den mittelalterlichen Stadtgründungen. Deggendorf wurde im Lauf der Jahrhunderte mehrmals belagert, eingenommen und geplündert, ob in den Hussitenkriegen, dem

Der Natternberg ragt fünfundsechzig Meter aus dem flachen Gäuboden auf und ist als Relikt einer Absenkung eigentlich die Spitze eines früher viel höheren Berges. Es ist fast selbstverständlich, dass seit der Römerzeit immer wieder Burgen auf dem Felsenberg errichtet wurden.

Dreißigjährigen Krieg oder den verschiedenen Erbfolgekriegen mit den Österreichern. Aus dem Jahr 1633 ist ein wertvoller Münzfund erhalten, den dessen Besitzer wohl vor den herannahenden Schweden versteckt hatten: Rund viertausend Münzen im Wert von knapp neunzig Gulden damaliger Währung sind heute ein einmaliges und kostbares Münzgut. Der geräumige Stadtplatz wird vom Stadtturm mit Glockenreiter dominiert. Das Rathaus ist an den Turm angebaut. Besonders berühmt sind die skurrilen Fratzenfiguren der Fensterbänke vor den Amtsstuben. Die Stadtpfarrkirche Mariä Himmelfahrt liegt etwas außerhalb der eigentlichen Altstadt und hat romanische Grundmauern, obwohl sie hauptsächlich aus den Jahren 1656/57 stammt. Das Baudatum ist insofern erstaunlich, weil nur ein knappes Jahrzehnt vorher der mörderische Dreißigjährige Krieg zu Ende gegangen und man auch in Deggendorf eigentlich bettelarm war.

Deggendorf, am Fuß des Bayerischen Waldes und an einem natürlichen Donauübergang gelegen, wird auch gerne als „Tor zum Bayerischen Wald" bezeichnet.

Lebensader
und Wasserweg

Die Isar im Wandel der Zeiten

Die Isar präsentiert sich zwar im Großen und Ganzen als begradigtes
Wasserband, doch gelegentlich wurden, wie hier, die Dämme weiter
nach hinten verlegt und Rückzugsgebiete von Altwassern gelassen.

Ein Luftbildband über einen Fluss wie die Isar kann natürlich nicht nur die tiefe Sehnsucht nach der grünen Idylle bedienen, denn das wäre nichts anderes als touristische Schönfärberei. Vielmehr soll die Auseinandersetzung nicht vermieden und eine neue, überraschende Sicht des Flusses gefördert werden, die gleichzeitig künstlerische Kriterien erfüllt. Allerdings wird auch im vorliegenden Band besonders das Schöne entlang der Isar präsentiert – getreu dem Motto, dass ich besonders das zu

Im Staubereich der Isarwehre können sich durchaus kleine Inseln halten.

schützen bereit bin, was ich kenne und daher auch schätze. Dieser bewährte Grundsatz setzt eben gerade auf das Positive, Schöne und Besondere, und dabei kommt man bei der Isar nicht so schnell in Verlegenheit!

Die Isar war seit jeher bekannt als reißender Fluss mit einem ausgeprägten Hang zum Hochwasser und zudem als ein Fluss der Flößer. In ihrem Einzugsgebiet gab es viel Holz zu schlagen, das flussabwärts gebraucht wurde. Meist wurden die Baumstämme für den Transport in den Isarfluten zusammengebunden; erfolgte der Transport mit Einzelstämmen, sprach man von Trift, was so viel bedeutet wie „treiben lassen". Da die Straßenverhältnisse bis in die Neuzeit als eher sehr schlecht zu bezeichnen waren, kam dem Wasserweg eine immense Bedeutung bei – und auf einem nicht schiffbaren Fluss wie der Isar der Flößerei. Flüsse werden daher auch gerne als die Autobahnen des Mittelalters bezeichnet. Allein für den Dachstuhl der Münchner Frauenkirche benötigte man beispielsweise 147 schwer beladene Bauholzflöße, zusammengenommen also mehr als sechshundert Festmeter. Einen Einblick in den ungeheuren Holzbedarf geben auch die Aufzeichnungen der Zollstelle Wolfratshausen, wo allein im Jahr 1496 sage und schreibe 3639 Floße anlegten. Den Höhepunkt erlebte die Flößerei auf der Isar nach 1850, als im Unterlauf die Industrialisierung in vollem Gange war. Mit den vergleichsweise billigen Möglichkeiten der Eisenbahn kamen Trift und Flößerei später allerdings schnell zum Erliegen, doch noch um 1870 war die Münchner Kohleninsel der größte Floßhafen Europas. Damals legten dort jährlich etwa 12.000 Flöße an, die überwiegend Brennholz in die Stadt brachten. Der endgültige

Todesstoß kam für die Flößerei mit dem Bau des Walchenseekraftwerkes und vollends mit dem Bau des Sylvensteinspeichers, durch die der Isar Wasser entzogen wurde. Heute fahren nur noch die bereits erwähnten Freizeitfloße den Fluss hinab.

Die Isar hat zu allen Zeiten Hochwasser geführt, auch wenn die Medien so tun, als würde dieses Unglück erst seit kurzem über uns hereinbrechen. Und dass in unmittelbarer Nähe des Flusses gebaut wurde, war früher für die effiziente Nutzung der Wasserenergie lebensnotwendig. Manche Flusstäler wurden jedoch groteskerweise erst für eine Bebauung freigegeben, als es bereits andere Möglichkeiten der Energiegewinnung gab. Dadurch wurde Flüssen wie der Isar viel von ihrem Raum genommen, den sie bei einem hohen Wasserstand brauchen. Erst spät hat es den meisten Verantwortlichen gedämmert, dass eine extensive Bebauung sich bei Hochwasser verhängnisvoll auswirkt.

So liegen auch große Teile Münchens im alten Überschwemmungsgebiet der Isar wie Thalkirchen, Untergiesing, der Englische Garten, Viktualienmarkt, die Isarvorstadt oder das Gärtnerplatzviertel. Dass es dennoch beim letzten „Jahrtausendhochwasser" (2005) nicht zur Katastrophe kam, hat München vor allem zwei glücklichen Umständen zu verdanken: dem Sylvensteinspeicher, der zeitweise geschlossen wurde, und der Erweiterung des Isarbetts, die gerade noch rechtzeitig einen erhöhten Wasserdurchfluss ermöglicht hatte. Doch schon ein halber Tag mehr Regen hätte zur Katastrophe geführt, und in weiten Teilen des Münchner Stadtzentrums wären die Füße nass geworden. Wie bei vielen Fluss-Stadt-Beziehungen ist die Isar nicht nur die Lebensader Münchens, sondern kann für die Stadt auch immer wieder zur Geißel werden.

Normalerweise sind Hochwasser für Flüsse keine Katastrophen; lebendige Flüsse brauchen sie sogar. Besonders der Kiestransport in der Isar war früher eine natürliche Angelegenheit, wurde inzwischen jedoch durch den Bau von Staustufen unterbunden. Erst im Verlauf der beiden großen Hochwasser von 1999 und 2005 wurden seit Jahrzehnten wieder Auwälder geflutet und dabei mit Sedimenten ange-

Trotz fehlendem „Geschiebe" kommt es in den künstlichen Rückstauseen immer wieder zu Verlandungstendenzen.

Auch der Talraum unterhalb der Talterassenkante wird inzwischen wirtschaftlich genutzt. Als die Isar noch ein reißender Fluss war, wäre so etwas nur von kurzer Dauer gewesen.

reichert. Eine weitere Folge der Stauseen ist ein immer tieferes Einschneiden des Flussbetts in die Landschaft, weil das natürliche Abtragen der Flusssohle nicht mehr vom Oberlauf her aufgefüllt wird – mit der Folge, dass dadurch der Grundwasserspiegel beidseits der Isar zunehmend sinkt. Erst in jüngster Zeit versucht man durch verschiedene Maßnahmen, in begrenzten Teilbereichen der Isar ihre Ursprünglichkeit wiederzugeben. Im Jahr 2000 renaturierte man beispielsweise im Münchner Stadtbereich einen acht

Aus der Luft zeigt sich das breite Kiesbett Isar mit ihren vielen Wasserläufen besonders eindrucksvoll.

Kilometer langen Streifen, erweitete das Flussbett, flachte die Ufer ab und schuf neue

Kiesbänke. Zur Sicherheit wurden die vorhandenen Deiche erhöht und verbreitert sowie zusätzlich durch den Einbau einer Dichtungswand verstärkt.

Der Name „die Reißende" war an sich eine sehr treffende Bezeichnung für die Isar, wenngleich die ungezähmte Wildheit zunehmend in ein enges Korsett mit Hochwasserdämmen und Flussbegradigungen eingezwängt wurde. Nur zwischen Scharnitz und Mittenwald darf die Isar nach wie vor ein Wildwasser sein. Ansonsten erging es ihr wie

Es gibt ihn noch, den dichten Auwald rechts und links der Isar!

den meisten Flüssen im Land: Sie wurde gebändigt, um den Jargon der Technokraten zu benutzen, und praktisch zur Zwangsarbeit verpflichtet, denn bis zu ihrer Mündung gibt es allein gut fünfundzwanzig Stauwasserkraftwerke, die einen Teil des bayerischen Energiebedarfs decken.

Zum Glück ist da die Isar-Allianz, die es sich zum Ziel gesetzt hat, dem Fluss zumindest in kleinen Teilen seine ursprüngliche Dynamik zurückzugeben. 1993 gegründet, hat sie sich der Renaturierung wichtiger Flussabschnitte verschrieben – dies kann die Durchsetzung von Fischtreppen sein oder ein rigoroser Uferrückbau, die Garantierung einer Mindestwassermenge oder der nachhaltige Umbau des verbliebenen Auwaldes. Die endgültige Durchsetzung der Vision einer konsequenten Kultur-Natur-Koexistenz wird Jahrzehnte, wenn nicht Jahrhunderte dauern. Ein wichtiger Anfang ist dennoch gemacht: Die Einsicht wächst, dass die Isar nicht nur zum Ausnützen da ist. Da es jedoch gut eines Jahrhunderts bedurfte, um das weit verzweigte Netz ihrer Flussläufe zu zerstören, wird das Pendel so schnell nicht wieder zurückschlagen, und niemals wieder wird die Isar eine Wildflusslandschaft wie einst werden können. Das Gelände der ehemals viele hundert Meter breiten Isartalauen ist verbraucht, verbaut oder irgendwie anders genutzt, die Isar meist in ein fünfzig bis achzig Meter breites Bett eingezwängt. Naturschutz wird in unserem überbevölkerten Land immer nur der Tropfen auf den heißen Stein sein können. Aber um zumindest dieses Wenige zu erreichen, dafür lohnt es sich zu kämpfen.

Die gehäuft auftretenden Hochwasser haben erste Politiker aufwachen lassen. Sehr zaghaft beginnt die bislang zemen-

tierte Assoziation Hochwasser gleich Katastrophe kleine Haarrisse zu bekommen. Das Zurückrudern wird viel Geld kosten, weil die bebauten Flusstäler ja freigekauft werden müssen. Zudem gilt es, Uferbefestigungen wieder zu zerstören – Technokraten sprechen gern beschönigend vom Rückbau –, und landwirtschaftlich genutztes Land muss brach liegen gelassen werden. Dieses alles widerstrebt uns in unserem tiefsten Innern, weil wir über Jahrhunderte darauf ausgerichtet waren, uns die Natur zu unterwerfen. Die Jahrtausende der Naturnutzung aber sind an Grenzen gestoßen, und wir müssen die restliche Natur schützen, wollen wir selbst langfristig unser Überleben sichern. Dafür braucht man nicht zuletzt demokratische Mehrheiten: Jede Hand und jede Stimme zählt. Mischen wir uns ein!

Besonders im Unterlauf wurde die Isar immer wieder aufgestaut, um sie zur Energiegewinnung zu nutzen.

Der Verfasser: Franz X. Bogner, geborener Oberpfälzer, ist Biologe und lehrt als Ordinarius für Didaktik an der Universität Bayreuth. Seine zweite große Berufung gehört dem Natur- und Umweltschutz, dessen Bedeutung er mit Hilfe der Luftbildfotografie im Laufe der vergangenen Jahre mit mehr als einem Dutzend Luftbildbänden über Flüsse und Flusstäler hervorgehoben hat. Unter anderem sind von ihm bereits die Bücher erschienen: *Das Urdonautal der Altmühl, Das Land des Neckars, Rednitz und Regnitz – Mainfranken aus der Luft – Maindreieck und Mainviereck, Der Regen – Eine Luftbildreise vom Arber bis Regensburg, Der Obermain – Ein Luftbildportrait von Bayreuth bis Bamberg, Die Fränkische Schweiz im Luftbildportrait.* Für Aufsehen sorgte insbesondere sein Band *Die Donau aus der Luft – Von der Quelle bis Passau,* der ebenfalls beim Rosenheimer Verlagshaus erschienen ist.

Der Autor möchte sich bei seinen Piloten für eine immer sehr geduldige Kooperation bedanken,
insbesondere bei Herrn D. Grützner und R. Hierl.

Bild auf der Einbandvorderseite: Nicht nur München, auch Landshut ist eine Isarmetropole.
Bild auf der Einbandrückseite: Die bekannte Isarfront von Bad Tölz wirkt aus der Luft gesehen noch attraktiver.
Bild Seite 1: Das Isarufer in München ist ein beliebter Erholungsort.
Bild Seite 2: Gerade im Mündungsbereich der Isar darf die Isar noch ein Fluss sein, dem der Mensch kaum Grenzen gesetzt hat.
Oben: Allen Regulierungen zum Trotz gibt es noch die „kiesigen" Isarabschnitte.

© 2008 Rosenheimer Verlagshaus GmbH & Co. KG, Rosenheim
Lektorat: Ulrike Nikel, Herrsching a. Ammersee
Kartenskizze Seite 4: Sebastian Schrank, München
Typographie und Layout: Catherine Avak, München
Satz und DTP-Produktion: avak Publikationsdesign, München
Bildreproduktion: Simon PrintMedienService GmbH, Rosenheim
Druck und Bindung: Druckerei Theiss, St. Stefan im Lavanttal

Printed in Austria

ISBN 978-3-475-53969-5